심상시선 141

나부끼는 꽃잎을 보아

홍승애 지음

시인의 말

처서가 지나도 불볕더위가 수그러들지 않는다. 올여름은 유난히 길고 무척 덥게 느껴진다

어느새 첫 번째 시집을 출간한 지도 3년이 지나고 두 번째 시집을 출간하게 되었다. 신이 빚어내는 계절의 아름다움을 접하면서 시인의 감성으로 산다는 것은 기쁨이고 즐거움이었다. 삶의 연륜이 쌓이면서 일상을 감사하는 마음으로 살아가는 법을 배운다

글을 쓰면서 언어도 순화되고 살아가는 철학도 배우게 되는 것 같다. 감사하는 마음으로 산다는 것은 고운 베틀에 행복의 무늬를 짜내는 일이다. 곱게 짜낸 비단결 무늬로 시의 아름다움을 그려냈다 나이가 들어도 마음은 늘 젊게 사는 것이 시인의 영혼인 것 같다

오늘도 행복을 그려내는 언어의 지휘봉을 든다. 이제 시의 감성이 더욱 무르익는 가을을 맞이하면서 더욱 노력하는 시인이 되고자 한다. 앞으로 맞이할 시간이 지나간 시간보다 짧지만, 최선을 다하는 삶을 살고 싶다. 시인의 달란트를 주신 하나님께 감사드리며 박동규 교수님과 문우 여러분께도 감사드린다.

2025년 9월

홍 승 애

차례

시인의 말　　　　　　　　　　　　　3

1부 다시 머물고 싶은 순간

1. 갈망　　　　　　　　　　　　　11
2. 그대 발자취　　　　　　　　　　12
3. 그대 오시나요　　　　　　　　　13
4. 꽃들의 비명　　　　　　　　　　14
5. 꿈길 같은 봄날　　　　　　　　　15
6. 다시 머물고 싶은 순간　　　　　　16
7. 다시 봄　　　　　　　　　　　　17
8. 마음속　　　　　　　　　　　　18
9. 매화 향기　　　　　　　　　　　19
10. 목련화　　　　　　　　　　　　20
11. 무녀　　　　　　　　　　　　　21
12. 바람결 나부끼는 꽃잎을 보아　　　22
13. 별이 빛나는 밤　　　　　　　　　23
14. 봄날의 시인　　　　　　　　　　24
15. 봄날의 창밖에는　　　　　　　　25
16. 봄날의 혼례식　　　　　　　　　26
17. 봄날의 화보　　　　　　　　　　27
18. 삶의 기도　　　　　　　　　　　28
19. 삼월의 첫날　　　　　　　　　　29
20. 우체국 앞을 지나다가　　　　　　30
21. 한밤의 반란　　　　　　　　　　31

2부 향기에 취하다 (커피)

1. 관계를 디자인 하다	34
2. 국지성 호우	35
3. 길 잃은 나그네	36
4. 꿈꾸는 날개	37
5. 나의 길	38
6. 난타	39
7. 낡은 흔적을 지우며	40
8. 단장	41
9. 달빛을 닮은 그녀	42
10. 달빛이 그린시	43
11. 대나무 숲	44
12. 무기없는 전쟁	45
13. 보름달	46
14. 보이지 않는 선	47
15. 부활의 기쁨	48
16. 비오는 날의 서정	49
17. 쉼	50
18. 시가 있는 아침	51
19. 아직도 그 바다엔	52
20. 향기 풋풋한 유월	53
21. 향기에 취하다 (커피)	54

3부 여울지며 흘러가듯

1. 시인의 아침   56
2. 어느 노인의 기도   57
3. 어느 휴일 오후   58
4. 어미새 사랑   59
5. 여운   60
6. 여울지며 흘러가듯   61
7. 오래된 젊음   62
8. 오월   63
9. 오월의 어느 고궁에서   64
10. 움트는 빛의화음   65
11. 유월의 아침   66
12. 이별의 변주곡   67
13. 이브의 후예   68
14. 이팝나무 가로수 거리   69
15. 장마   70
16. 재개발 현장   71
17. 지구가 끓는다   72
18. 첫날의 설렘처럼   73
19. 초봄의 맑은 물소리처럼   74
20. 파릇한 봄이 피어나듯이   75

4부 가을편지

1. 가을편지   78
2. 가을에 드리는 기도   79
3. 그 겨울은 따듯했네   80
4. 기도   81
5. 늦가을의 만남   82
6. 멋진 그대 구월   83
7. 미역국을 먹으며   84
8. 붉은 장미   85
9. 블랙홀에 빠진 사람들   86
10. 빛을 안고 떠난 당신   87
11. 설강에 날리는 눈발처럼   88
12. 설야에 피는 꽃   89
13. 설핏지난 꿈처럼   90
14. 시월, 눈시울 붉다   91
15. 시월의 끝자락   92
16. 첫눈 내리는 창가에서   93
17. 파문   94
18. 폭우   95
19. 하늘의 별이 된 슬픔   96
20. 허공   97

시평

회상의 형상과 닦여진 "기도의 염원"으로
엮은 생명의 빛
                          - 박동규   100

1부 다시 머물고 싶은 순간

갈망

햇살 기웃거리던 골목으로
바람이 휘적거리며 저문 저녁을 풀어놓는다

붉게 지는 노을이 곧 울음을 토해놓으며
하루를 채운 어둠은
어디를 향해 눈먼 길을 휘돌고 있는지

묵직한 가슴에 설움 하나 품고
울지 않는 새가 있을까

작은 우주는
꽃망울 피워내는 흙 속에서
언 가슴 녹이는 연습이 필요했다

대변할 수 없는 말들이
충전 못 한 시간 앞에 서성이고

지쳐가는 삶을 끌어모은
시너지 공감하는 푸른 어깨의 너나들이

융합된 시간 들이
시린 가슴에 물꼬를 트고

푸른 갈망이
낭창거리는 가지에서 꽃물결을 흔든다

그대 발자취

긴 터널을 지나듯 찜통처럼 더운
눈치 없는 여름날

입기 싫은 옷을 걸치듯이
또 하루를 꾹꾹 눌러 채워가는
여름의 끝자락

풋사과 맛처럼 상큼한
초가을 휘파람 소리가

공허한 서정의 하늘 아래 바람꽃 노래로 들려온다

밤하늘 그렁그렁한 별빛이
새초롬해진
푸른 기운이 도는 새벽녘

먼발치에서
가을이 문 여는 소리

아!
그대 발자취에
쿵 떨어지는 가슴
놀란 마음 설렌다

그대 오시나요

살랑살랑 들리는 나뭇잎 바스락 소리
아 가을인가요

얼마나 기다렸게요

황홀한 슬픔이 물든 설렘을 안고

바람이 달리는 길을 좇아
눈부신 시간의 그네를 탔어요

붉게 타는 단풍에 시를 써서
허공에 유서처럼 날리는
가을 편지

텅 빈 하늘이 호수에 물그림자 출렁이며

산을 넘어온 바람이
공허해진 가슴을 설레게 해요

눈이 시리게 빛나는 밤하늘
총총한 별들이
글썽이며 떨어지는
신비로운 빛줄기

우아한 가슴으로 당신을 맞이해요

아! 가을
사랑을 나누고 싶은
멋지고 아름다운 날

꽃들의 비명

꽃잎 부서진 향기가
하늘 끝 비명으로 들려오면

새들의 진혼곡이 허공에 떠돌고

슬픔도 아름다운 오월의 하늘 아래
뽀얀 화관 쓴 이팝나무
꽃향기 연서를 쓴다

아슴아슴 젖어 드는 꽃향기에
통증 앓는 가슴이
지친 저녁을 비틀거리며
꽃 보라에 취한 오월이
떠나는 소리

밤은 깊어가고
고조곤 눈발이 날리듯
꽃잎이 흩어지는 소리

아~ 오월은 슬픔도 아름다워라

꿈길 같은 봄날

면사포 쓴 가로수 꽃길 화사하다

파란의 숲을 더듬어 찾아온 꿈결처럼 흐르는 봄날

수채화 물감 풀어 놓은
너울 쓴 산자락에 꽃 등불 켜지면

연분홍 치마 꽃신 신고
바람난 가슴
앞집 처녀 뒷집 총각 소곤소곤

앞 골목 뒷골목
짖어대는 하룻강아지
나른해진 고양이 게슴츠레 지켜보며

동네방네 소문내는 눈부신 봄날

다시 머물고 싶은 순간

불을 지르는 듯 타는 노을빛이
가슴을 붉게 물들인다

황홀해진 가슴에 포화 된 감성이
표류하는 꽃송이처럼 뒤척이고

붉게 지는 석양을
숨이 멎을 듯 바라보면
순간에 지고 마는 생명의 빛
까무룩하다

땅거미 내린 산그늘
진한 솔향이 어둠 속으로 흩어지고

순천만 하늘을
떼 지어 나르는 철새들 비행이
경이로운
어둑한 갈대밭 사잇길엔

하루를 마중 나온
초저녁별이 정겹게 반기고 있다

다시 봄

바람이 휘파람 불며 지나간 자리
하늘이 파랗게 웃고 있다

바람난 사내의 귀가처럼 돌아온 봄날

콧바람 든 치맛자락 찰랑대는 분홍빛 가로수
싱그러운 음표 깔깔거리는
한낮 정오가 지나간 자리

신작로 중앙노선 우두커니 서성이는 발길
삶의 뒷자리 고심하는
프로필 없는 길잃은 그림자
하얗게 바랜 설움이 낮달처럼 희미해져 가고

하얀 목련 봉곳하게 피어난 울안에
하릴없이 짖어대는 멍멍이
한적한 뒷골목 사랑 훔친 고양이
게슴츠레 졸린 눈으로 엿보는 한낮

싱숭생숭 달싹이는 비혼 날개
알 수 없는 문장 굴러가는 풋사랑 알싸하다

봄날의 화신이 물들인
돌아서면 잊고 마는 너의 향기

바람의 군단이
꽃향기 날리고 있다

마음속

예측할 수 없는 무량한 깊이에
잡을 수 없는 시간처럼

그 어느 깊이에도 건져 올릴 수 없는
그것은 보이지 않는 형체

무한한 채도로 그려지는
굳게 닫힌 바위 안 세상이며
변화무쌍한 여름날이다

질그릇처럼 부서지기 쉬운 존재이며
강하게 무장된 모성 본능의
신비한 요새이기도 하다

풀무에 담금질한 그릇이며
청동 그릇처럼 진중한 무게로
슬픔도 멋지게 승화시키는
내 안의 통치자이다

매화 향기

동지섣달 매서운 아픔을 견뎌낸
이른 봄날

잔 설 가지 위
새초롬 맺혀있는 눈물방울들

하얀 눈꽃처럼 눈을 뜬
새아씨 분내 닮은 새침한 향기

시린 발끝으로 서 있는
나뭇가지 위에
오연(傲然)하게 피어난 모습

이른 봄날이면 전설처럼 찾아오는
매혹적인 자태로

고결한 선비의 붓끝에서
찬 이슬에 먹을 갈아
새봄의 휘호를 긋는다

목련화

어느 슬픔의 깊이에 눈물짓던
아픔이었나

이대로 삶을 지워도 서럽지 않은
숨결처럼 피고 지는 꽃

잠깐의 쉼표 같은 사랑 찾아
찬란한 봄날 앞에 서 있다

설야에 날리는 눈발처럼 나부끼는
하얀 꽃잎 나부시 즈려 밟고
푸르게 시린 아픔을

이슬 눈물 한 방울 글썽이며
가는 길 차마 서러워
떠나지 못하는 마음

꽃신 찾아 자꾸만 돌아보네

무녀

초혼을 부르는 사뿐한 몸짓
울혈을 토해내는 외로운 춤사위

가슴에 못 박힌 모난 삶의 슬픈 엇박자

신명 나는 광대춤에
하늘 향한 삿대질
나팔수 목이 길게 늘어나고
불처럼 쏟아지는 넋두리 입안에 거품이 인다

호기심에 귀가 쫑긋해지고
모여든 구경의 이목을 집중시키는
밥그릇에 채워질
댄서의 목숨 같은 소나기 리듬

주술 풀린 영혼이 지쳐가는
허무의 피날레

채울 수 없는 욕망의 종착역에
바람이 분다

바람결 나부끼는 꽃잎을 보아

달빛 스며든 바람의 뒤척임 일까

꽃잎이 부서지며
격정의 파고에 외치는 아우성일까

세미하게 떨리는 소리가 들렸어

다홍빛 감성의 문서에
화사한 너의 아픔을 그려냈지

꽃잎이 흘린 눈물길 따라
내 영혼 날개 펴고 하늘 높이 날았어

벅차게 아름다운 이별의 눈부심이
하얗게 뒤척이는

향기에 잠들고 싶은
사월의 밤

꽃잎이 쓴 시를 읊으며
시인의 밤이 깊어가네

별이 빛나는 밤

그렁그렁한 눈물 꽃이
밤하늘 꽃수 그리는
아름다운 밤의 성좌

범접할 수 없는 영역의 신비한 별자리

초저녁 달이 뜨기 전
앞마당에 멍석 깔고 이야기꽃 피웠던
까마득하던 날

먼 하늘 별을 세며
초롱 한 별빛에 설 잠이 들면

가물거리는 유성이 긴 획을 긋고
진보라 하늘이 게슴츠레
눈을 뜨는 새벽

이슬 젖은 별빛은
한 송이 눈꽃처럼 사르르 지고 마는
그 먼 날

지금도 눈앞에 가물거리고

봄날의 시인

포근한 바람결에
생명의 더듬이들 실눈 뜨며
푸른 풀밭 꽃 섬에 수줍게 찾아 왔다

초록 피리 입에 문 새벽 까치
살가운 아침 인사
아기 새싹 새침한 미소로 반기는

안개꽃 피는 이른 강가
젖은 시인의 발소리 잘박거리는
봄 길을 나서면

봄 내음 가득한 향기
봄날의 식탁엔 도파민이 출렁이고

꽃망울 잉태한 봄날이
환희의 창밖에 너울거린다

봄날의 창밖에는

하얗게 얼어붙은 산하의 시간을 건너
황금빛 동녘 창에
쏟아져 내리는 찬란한 아침 햇살 눈부시다

시린 발꿈치 살포시 들고
여릿여릿 찾아온 봄날

낮은 속삭임으로 들려오는 봄의 소리에
잠들었던 감각이 귀를 씻으면

푸른 가지 끝 아슴아슴 눈을 뜨는
아기 새싹들

시린 바람이 볼을 어루만지면
꽃망울 잉태한 봄이
살가운 눈인사를 보낸다

봄날의 혼례식

하늘과 땅이 혼례식을 올렸어요

산밑에 목련화가 하얀 부케를 안고 수줍은 미소로
키 큰 푸른 나무, 신랑을 맞이해요

꽃비 뿌리던 바람이 축하객으로 왔어요

하늘은 고운 빛을 내리고 바람이 볼을 어루만져요

강 건너 풀빛 물든 봄날이 하늘을 덮으면
사뭇 황홀한 오로라가 신방을 신비롭게 꾸몄지요

밤하늘 별빛이 축가를 부르고
유성이 밤의 정지선을 그으면
먼동이 붉게 물들고

새벽 까치가 초록 잎새 물고 찾아와
눈인사를 반갑게 해요

봄날의 화보

눈 부신 햇살 부서지는 청아한 아침

감미로운 음악이 영혼을 적시고
단아한 커피 향으로
하루를 여는 상큼한 봄날

연한 풀잎이 싹을 틔우고
경이로운 조화로
유일무이 꽃을 피워 내는
기쁨과 슬픔
눈물과 미소를 한 바구니에 담는다

표정 있는 화보를 여는 봄날

꽃망울 출력하는 바람이
휘파람을 불며 지나고 있다

삶의 기도

애끓는 마음
천년처럼 길어지는 기도의 시간

미세한 울림의 답을 기다리며
신의 시간표에 마음 모아 드립니다

산다는 것은
참고 기다리는 것

구름이 지나고 비가 내리고
오랜 시간 인내의 굴레 속에서
무던한 날개를 접으며
숨죽이는 긴장의 시간

바람이 날개 흔들며
꽃대 밀어 올리며 꽃망울 피워내는

만개한 꽃잎을 세어보며
은쟁반에 올리는
기도의 구슬

삼월의 첫날

푸른 새벽으로 달려 나온
동녘 창 햇살이 눈 부시다

봄 입김 살가운 삼월의 첫날
실눈 뜬 새싹이 수줍게 손 내미는
겉옷 벗은 가로수 길

전봇대 빛바랜 슬픔이 출렁이는
일제 치하 아픈 상징과
환한 기쁨이 펄럭이는 2개의 태극기 나부낀다

대한의 독립을 위해 고초당한
선조들의 위대한 후광에 힘입어
눈부시게 발전한 K 코리아

나라를 **빼앗기고**
이름도 성도 부를 수 없었던
뼛속에 새긴 시간

무명 적삼에 감추었던 태극기
만세 부르며 외치던 그 날의 기쁨과
일제 치하 아픈 흑역사 통한의 아픔을
감히 잊을 수 없는 후손

고개 숙여 아픔을 통감하는 시간이다

우체국 앞을 지나다가

단풍 붉게 타는 가을날
발걸음 우연이
우체국 앞을 지나다가
넌지시 바라보던 하늘가엔
휑 한 바람이 불고

텅 빈 하늘 기우는 햇살에
까닭 없이 짠하게 시려 오는 마음

잔잔한 음악처럼 적셔진 이 길에서
한 편의 시를 단풍에 적어
이름 없는 바람에 띄웁니다

발밑에 구르는 허무의 자취는
흩어져 갈 곳 없이 뒹굴고
유서처럼 남겨진 가을 비문이
가슴 깊은 곳을 파고드는데

그리운 사람
지금 어디에서 무얼 하고 있는지

따듯한 차 한잔 마주하며
나누고 싶은 마음

붉은 단풍잎에 그리움을 띄워봅니다

한밤의 반란

어둠 속에서 꽃들의 전쟁이 시작되고
진한 토혈 쏟아내는
향기의 바다

숨소리도 고요한데
꽃향기는 진한 소음처럼 밤을 흐르고

이산, 저 산
밤 뻐꾸기 신비의 울음소리 들리는

모든 소음 잠시 멈춤을 하는 깊은 삼경

무거운 밤공기 속
뻐꾸기는 사랑에 목메고
인생은 그리움에 목마른
이 밤

깊은 골짜기
운무 피어나고
진한 풀 향기 쏟아내는
새벽의 돈 코러스를 기다린다

2부 향기에 취하다 (커피)

관계를 디자인 하다

심장 화끈거리던 불콰해진 기억이
끝나지 않은 장마처럼 질척거린다

부르튼 입술의 파편이
분뇨처럼 쏟아지는
고독한 짐승의 눈물 같은
안개 자욱해진 가시거리

단절된 침묵이 통증을 앓는다

묵정밭 갈아엎은 마음
새 신을 신고
목관 악기 떨림 같은 낯선 설렘이
까치울음 들리는 간이역을 지나고 있다

결이 다른 느린 걸음이
解語花를 피우며
단심을 갖는

쓰나미가 풍토병처럼 지나간 하늘이
푸르게 웃고 있다

국지성 호우

굉음이 번쩍이며 마른 땅 내리치는
발신 없는 경고장이 왔다

지하수 솟구치며 삶의 자리 휩쓰는
황톳길 바다
단절된 침묵이 떠다니며 길을 묻는다

물갈퀴 휘도는 물길에서
아우성치며 허덕여도 도울 길 없는
처참한 절규

빈부 격차 없이 공평하게 쏟아지는 국지성 호우

신뢰 잃은 양치기 활자 예보에
유비무환 느슨해진 삶이
사나운 물 위에 떠다니고

오늘 밤 선정되는 강타지역
불안해진 조바심에
잠 못 이루는 민심

집중호우 대서특필되는 손익의 활자
수재민 가슴을 울린다

길 잃은 나그네

오래된 청춘 하나 길을 묻는다

보일 듯 가려진 시야
끝나지 않는 고독한 길

옷 벗는 가지 잎새를 털어 내듯
평행선 위 달리는 끝나지 않는 길

먼 하늘 아련한 시선으로
화톳불에 언 가슴 녹이는
반추의 시간

미세한 떨림에도 발길 멈추는
야행의 숲에서 다독이는
희망의 날갯짓 버겁다

꿈꾸는 날개

그대 영혼의 깊은 울림은
건반 위 흥겨운 광란의 춤사위였어

대리석 궁전에서
꿈의 날개 달고 춤추는 별이 되고 싶었지

새벽 깃털 어깨에 꽂은
채워지지 않는 욕망의 날개에
동력의 엔진을 힘차게 밟았어

어디쯤일까?
신기루 안 어렴풋이
꿈의 궁전에서 추락하는
공수표 로또
허상의 꿈이었지

채워지지 않는 빈 가슴은
오늘도 허공에 발 담그고
이상의 날개 활짝 펴며 날고 있어

꿈은 자유잖아

나의 길

어느 먼 그리움이기에
긴 여정 등에 진 발길이 버겁다

한낮 정적이 감도는 골목길처럼
허기지게 한산한
끝이 보이지 않는 길

알 수 없는 말이 굴러가듯
혼잣말을 서성이며
허허로운 사막 같은 길을 홀로 걷는다

지평선에 해는 걸리고
외치는 낙타의 울음처럼 아득한
삭막한 이 길을

어디쯤 쉬어갈 곳 있으려나

난타

미친 듯이 쏟아지는 폭우
초비상 문을 여는 전시의 폭군이다

뜨거운 불덩이로
달아오르던 지구 곳곳에
난타를 두드리며 쏟아지는 게릴라

과묵한 사나이의 통곡 소리가
밤을 퍼붓는다

빗물에 섞인 눈물이 핏물이 되는
밤을 잊은 한숨이 들리고

바닥을 들어내는 땅의 생채기
활짝 갠 햇살을 기대하며

내일의 화려한 산실을 꿈꾸는
비상구를 찾는다

낡은 흔적을 지우며

채색의 시간을 물들이던 날들이
해파랑 거쳐 간 일몰의 도시처럼
휑 한 바람이 분다

때로는 큰 산을 넘기도
때로는 풍랑 같기도 했던

한해의 끝자락에서
크고 작은 모든 감정의 곡선을 다독이며
퍼즐을 맞춰본다

평행선을 지나듯
힘없이 저어가던 날개

다시 젊은 수액을 맞으며
가슴 속에 별 하나 캐고 있다

단장(斷腸)

  석양빛 뉘엿뉘엿 창가에 스며드는 중환자실 젊은 여인의 처절한 울음소리 병실 안을 숙연하게 한다 순간 이목 집중되는 한 생명이 떠나는 음 소거로 싸늘해진 병실 안 분주해진 의료진 움직임이 다급하다. 어린 생명이 초록빛 꿈을 접는 참척의 슬픔으로 지고 있다 꽃도 피우지 못한 채 날개 접은 단장의 슬픔이다. 종달새 같은 목소리 귓가에 맴도는 피우지 못한 꽃봉오리 하나 낙화 되어 화르르 허공으로 날아갔다.
  어미의 천근의 슬픔이 온몸으로 절규한다 눈에 보이는 세상이 모두 절망이다 절대자의 엄청난 처방에 이유도 모르고 따르는 질그릇 같은 목숨 죽음의 뜻도 모른 채 삶을 내려놓은 한 송이의 낙화 흰 천을 덮은 수레에서 엄마를 부르고 있다 엄숙한 발걸음을 느리게 옮겨가는 새의 발자국처럼 가벼운 영혼 슬픔을 짊어진 동요가 숙연해진 병실 안은 간절한 생명의 리콜을 부르짖고 있다.

달빛을 닮은 그녀

봄날의 햇살처럼 부드러운
그녀의 미소

묵은지 맛처럼 속 깊고
달빛같이 온화한 그녀의 모습이
그윽한 커피 향처럼 그리워진다

그 먼 지난날
단풍 못 되어 말라버린 낙엽처럼
지리 한 삶이 졸음같이 찾아들면

계절에 취한 낭만을
식지 않는 젊음처럼 깔깔거리며
소릴 높였지

함박눈 내리던 오후였을까
눈 쌓인 미끄러운 골목길 노래방
걸쭉한 트로트 설움 같은 노래
목청껏 스트레스 날리며

눈발처럼 자분자분 수다로 꽃피우던 날
숫눈길 발자국 포개 얹어 걷던
그 길엔
아직도 귓가에 도란도란 남은 얘기
지금도 들려온다

달빛이 그린 시

고요한 숨결이 흐르듯
은빛 부서져 내린 포화 된 적막

허공에 펼쳐진 은하계 울림이
텅 빈 가슴을 흔든다

신이 발꿈치 들고 건너간 잔잔한 바다
천사의 옷깃처럼 황홀해진
달빛이 내려앉는다

그윽한 침묵이 눈을 연다

이름 없는 사람 고단한 수저에 올려진
달빛 한 술이
시가 되고

나락에 비친 고요한 침묵으로
고난을 덮은 바다

신은
채워지지 않는 욕망의 바다를
인간의 가슴에 묻었다.

대나무숲

푸른 달빛이 흐르는 밤
애달픈 퉁소 소리에 울림을 담은
울혈의 곡조

슬픔의 깊이에서
가슴 앓던 텅 빈 공명이
괴괴한 소리로 밤을 앓는다

소소한 바람의 떨림에도 손을 비비는
무명옷 날개바람 가르는 소리

동양화 여백에 비운 듯 채워진
마디마디 질주하는
옹골찬 젊은 기개

하늘로 솟구치는
괴괴한 울음소리에 잠 못 든다

무기 없는 전쟁

점과 선이 만난 진흙의 실체
도도한 얼음이 깨지는 격돌의 시간이다

입맛대로 흔드는
언어의 지휘봉
사차원의 추상화를 그리며
마른 논바닥 같은
팍팍한 생각
맑은 샘에 발목을 찰랑거린다

과분하게 익어가도
미숙한 맛을 내는

시작과 끝이 뒤엉킨
출산할 수 없는 임산부의 고통

식지 않는 분화구처럼 끓어오른다

봄날이 오면 풀리려나
살얼음이 떠 있다

보름달

초 저녁 동녘 하늘
붉게 물든 산봉우리
황금빛으로 떠오른 보름달

가슴 철렁했네, 두근거렸네
첫사랑처럼
나를 보고 웃는 것 같아
가슴이 뛰었네

한참 동안 돌아서지 못했네

보이지 않는 선

울타리 없는 방어선
살얼음이 침묵하는 일백 미터 전방에도
꽃은 피는데

고막이 깨지는 전쟁의 아픔 소리
끝나지 않은 적막의 고요가
건널 수 없는 투명한 경계선에
공포로 침묵한다

목숨 잃은 원성이
귀에 쟁쟁히 들리는 듯하다

얼어붙은 북쪽에도
생명은 움트고
따듯한 봄은 오는데
아름다운 꽃향기 슬픔으로 오열하며

침묵이 구토처럼 넘어오는
질곡의 슬픔이
메아리로 떠돈다

부활의 기쁨

저무는 서녘 하늘
아련한 노을빛처럼 다가오는
그분의 음성을 들어요

봄비가 촉촉이 스며들듯
가슴에 새겨지는
눈 감으면 떠오르는 선명한 모습의 당신

벚꽃 향기 눈발처럼 휘날리는 사월이
너무 아름다워 잔인하다지만

우리 죄의 잔을 마시고
십자가에 못 박힌 어린양 예수를
빌라도 광장에서 잔인하게 매질하던
아 그 어린양의 피가 세상을 흥건하게 적시고

가슴 찢어지게 아픈 혹독한 고통이
삼 일만에
부활의 환한 빛으로
세상의 빛이 되어주신 그분은
사망에서 생명이 되는

인류의 구원을 체험하게 하시고
다시 이 땅에 오신
거룩한 그 이름 예수

비 오는 날의 서정

어느 먼 날의 그리움처럼
쏟아져 내리는 빗소리

무한의 시간 속에 잠든 기억의 끈을 풀면

허공에 후드득
빗소리처럼 들리는 비익조 깃털 날리고
아득한 기시감이 어른거린다

오래된 L.P 판을 돌려보는
빗속을 거닐던 그 길엔

낯선 젊음의 언어가
이국처럼 들리는 공허의 바람이 분다

세월의 뒤안길에 선
채우지 못한 결핍의 가슴이
여름날 뇌성처럼 절룩이고

침묵을 깨는
힘찬 소나기가
탱고 음악처럼 정열적으로 쏟아진다

쉼

유유자적의 시간
아카시아 찔레꽃 향기로운 푸른 숲에서
망중한 여유를 가져보며
어지러운 세상의 셔터를 내렸다

바람이 산들거리면 산새도 반가운 듯 노래하고
꽃향기 풀 냄새 가득한 숲에는
오월 푸름의 절정이 터질 듯
가슴으로 안겨 온다
낭만의 음률이 귀에 건 이어폰에서 풋풋한 날개를 달았다

그리움 없는 기다림으로
숲을 지키는 저 깊고 높은 심장의 푸른 숨소리
글썽이는 초록 눈망울 젖은 아픔이
시간의 산맥을 넘어서고
거대한 창을 여는 자연의 푸른 시간표

어느 날 내 앞에 펼쳐진 파노라마처럼
푸르게 설정된 포털사이트에서
찐득거리는 진초록 깊은 향내 폐 속을 정화 시킨다

아쉬움을 안고 서운한 시간은
천천히 그리고 서서히 돌아서며 안녕이라고
아이처럼 돌아선다
푸른 숲은 어머니 품처럼
그 가슴에서 무한을 창조해내고
삶을 품은 절정의 무대처럼

소리 내어 크게 울어도 다독여주는
절대자의 포근한 가슴이었다

시가 있는 아침

밤새 심사가 뒤틀려
툴툴거리던 하늘이 새벽 비를 뿌리며
묵은 시간의 잔재를 씻어내고 있다

지난밤 지새며 올리던 기도의 흔적이
눈앞을 휘적거리며 안개비처럼 잔잔히 젖어
아득히 바라보는 하늘

어디까지 왔을까 전반의 생애
깔깔거리며 나붓거리던 웃음이 눈앞에 펄럭이고

새벽은 늘 우리에게 다가서는 선물처럼
항상 올 것으로 기대하지만
럭비공처럼 어디로 튈지 모르는 삶이니
새벽 사이렌 소리에 가슴 조이며
흩어진 가족의 안부가 궁금해지는 축축해진 아침이다

일터로 향하는 발자국들이 서두르며
생존의 전투가 시작되고

멀리 한가로이 바라보는 지긋해진 삶으로
향긋한 한잔의 커피에 아침을 열며
음악 속에서 여유를 마셔본다

잔치 끝내고 난 후
여유와 허무가 공존하는 아련한 노을빛 같은
가끔은 눈여겨보던 그 시간
눈앞에 서 있다

아직도 그 바다엔

눈이 시리게 푸르던 그 바다엔
잠들지 못한 언어가 해풍처럼 밀려온다

하모니카 음색 가슴 찡해진
호흡 멈춘 고요한 바다

허밍의 아리아 들려오는
연인 가슴처럼 따스해지는
낭만의 나폴리

살얼음 물결무늬 잔잔한
이끼 낀 무논에 푸른 햇살

그대 어깨에 앉은 한 마리 새가 되어
비릿한 실바람에 나부끼는
노스탤지아 푸른 손수건

석양빛 흐느끼듯 스러지며
서럽도록 붉게 지는 노을이
색 지에 눈물방울 번져가듯 아련해진 황혼이 잠들고

충혈된 밤이
12월의 트리처럼 물 위에 떠 있는
정박 된 항구 고요한 불빛
잠들지 못한 언어가 숨결처럼 들려온다

향기 풋풋한 유월

비릿한 풀 향기에 발길 머무는
싱그러운 유월의 아침

는개 비 젖어 드는
몽환의 갈피에
스며든 풀 향기 가득하고

모란이 그리움의 향기를 품고
아카시아 꽃향기
몸부림치듯 휘날리면
황홀해진 가슴마다 시를 쓰는
유월의 바다

온 세상 푸른 향기
행복한 바이러스 충만하다

향기에 취하다(커피)

감미로운 침묵이 흐르듯
가을빛 짙게 물든 낭만의 향기

*천 번의 키스보다 멋지고
무스카텔 포도주보다 달다는

상고대 핀 눈꽃처럼 황홀해진, 멋스러움에 취한다

암갈색 짙게 그을린
깊고 그윽한
입안에 퍼지는 풍미

모과 빛 햇살 물든 오후의 창가
미풍에 실려 온 매혹적인 너를
따듯한 가슴으로 마주한다

환상의 미궁 속 포화 된 영혼
음유시인 가슴 설레게 하는

오랜 시간 꿈꾸며 찾던 친구 같은 연인이다

*음악가 바흐의 말

3부 여울지며 흘러가듯

시인의 아침

햇살에 앉아 가만히 눈을 감으면
가늘게 음표 그리는 빛의 소리

샤워하듯 내리쬐는 빛의 향기로
지어내는 감성의 문자들

꽃들이 뿜어내는 숲의 향기가
물안개처럼 피어오르고

말이 없어도 이야기가 있는 아침

눈을 감고 듣는
봄날의 언어는
천국의 소리처럼 아름다운 노래

어느 노인의 기도

비 오는 현충원 묘비 앞
오래된 슬픔이
총탄에 쓰러진 분신 앞에 서 있다

삶을 송두리째 잃은 듯
붙박이처럼 서서
비를 맞는
단장의 슬픔이다

가슴에 인장을 새긴 상처
신은 그의 슬픔을 알고 계실까

참척의 슬픔이
노인의 가슴에 빗물처럼 흐른다

어느 휴일, 오후

노란 솔잎이 눈처럼 쌓인 호수 둘레 길
커피 향 짙은 카페에는
클래식 음악이 잔잔히 흐르고

아직은 먼 시간 앞에 앉은
12월의 성찬 같은 넉넉한 기쁨이
지워지지 않는 물결로 눈부셔 오는
가지런히 앉은 쉼표

시 같은 시간이 흐르는
빛살 잔잔한 호수엔
푸르게 멍든 물그림자
사랑과 아픔을 아우르듯 잠잠한데

출렁이는 흔들다리 위
두려움과 환호하는 소리
엉거주춤 걸음이 오가고

해그림자 긴 호수의 둘레길엔
거룩한 순례의 긴 줄이
해거름에 조는 듯, 돌고 도는
어느 휴일

텅 빈 고요 충만하다

어미 새 사랑

황토벽 고가(古家)
검게 그을린 부엌에
녹슬고 오래된 풍구 하나

구들장 밑으로 겉겨에 불씨 지피며
무쇠솥단지에 밥을 짓는 어미 새

일상의 고단함도 잊은 채
허기진 식솔들 따스한 식탁으로
삶을 다독이며
매듭의 고리를 푼다

가난의 터전에서
가슴에 사랑으로 품어 안는
어미 새의 일생

오늘도 호롱불 밝히며
낡은 옷을 깁는다

여운

물 위에 달그림자 출렁이듯
그대 눈물방울 어려진 눈망울 속
웃고 있어도 눈시울에 여울지는
아픔의 그늘

어느 정오의 햇살 화사하게 빛나던
봄날의 정원에
내게로 다가온 한 마리 꽃사슴
싱그러운 바람에 묻어난 미소는
비릿한 풀잎에 스민 그리움의 향기였지
한걸음에 달려온
웃어도 울고 있는 듯
너의 가여운 아픔은

네게 무엇이 되어주고 싶은 내게
위로의 말도 건네지 못하고
돌아서는, 화사한 여운이 남은
너의 뒷모습
비릿한 향기로 남은
그날
그날

여울지며 흘러가듯

하얀 꽃잎이 눈보라처럼 휘날리는 봄날

달리는 전동차 안
초점 잃은 노인의 눈빛이
가늘게 떨리고 있다

허술한 육신에서 앙상한 신음이
문풍지 바람처럼 새어 나오고

초가처럼 기울어 가는
황혼의 빛이 희미하게 저물어가는 모습

불꽃처럼 피워내던 전반의 생애
묵묵히 지나온
궤적의 발자취엔

봄밤에 피워내던 꿈같은 날도
열정으로 뜨겁게 꽃피우던 사랑도
백발에 휘날리며

석양빛 긴 그림자
만감의 교차 깊어지는
머지않은 생의 뒷모습에서

삶의 끝자락이 흔들리는 바람에 일고 있다

오래된 젊음

안개 낀 강둑길을 느린 걸음으로 걷고 있는
오래된 젊음

주위 사람 하나, 둘 떠나고
스며든 안개처럼 마음도 젖는 길

어린 시절 그 길에는
휘파람새가 노래하고
벙어리 뻐꾸기 느린 박자 친근하던
멀어진 기억 속

빨리 어른이 되고 싶어 그렇게도 기다리던 날

열병을 앓던 뜨거운 가슴에
청춘의 푸른 획을 긋지 못하고
미완성의 붓을 내려놓은
만감의 상념에 젖는다

헝클어진 기억의 실타래를 풀어
저 안개 속을
인디언 추장처럼 힘차게 달려 볼까

무르익은 홍시 같은 단꿈을 찾아
거칠고 단단한 근육질의 푸른 솔이 되어야지

아직은 식지 않은 열정의 가슴이
내 안에서 힘차게 뛰고 있으니...

오월

눈부신 오월의 요람
초록 화원에
가지마다 꽃 등불 켜지고

아카시아 꽃향기 폭포수처럼 쏟아지는
그윽한 오월의 향기
하늘과 땅을 덮는다

여린 순록의 선한 눈을 닮은 푸른 산하에

향기로운 꽃향기 풀 향기
거름더미 속에서도
시샘하는 질투의 여신

아픔으로 피워 올린
젖어있는 슬픔의 향기가
오월의 초원에 날리고 있다

오월 어느 고궁에서

파릇한 시간이 몽글몽글 솟아나는 초등친구

널따란 운동장에서 뛰놀던
갈래머리 소녀는
하얀 백발에 함박웃음을 띄운다

그 많던 시간을 지워버린
노년의 길에서
파란의 시간을 빗물을 털 듯이
털어내며 깔깔거린다

바람도 햇살도 상큼한 날
성큼 와버린 길에서
행복한 수다를 나누는
시간의 정원에는 꽃들도 반기고

지나간 속 얘기 털어놓는
어느새 칠십여 년이 흐른 세월

친구란 참 편한 마음의 동반자

참 좋은 이 시간 행복하다고
맞장구를 친다

움트는 빛의 화음

어느 먼 진원에서
거룩한 아우성이 들리는 듯
진홍빛 울림으로 피어나는 빛의 노래

허허로운 들녘에서 긴 실타래를 풀고 있다

깊은 동면에서 선잠 깬 생명의 더듬이들
상큼한 빛에 봄날처럼 웃다가
마디마다 눈을 뜨며 환호성 한다

새벽빛 아침이슬 윤슬처럼 빛나는
아롱진 빛의 화음으로
봄을 출력하는
거룩한 성찬의 새 아침

봄날의 식탁에 앉아 겉옷을 벗는다

유월의 아침

브라인드 사이 화창한 햇살 날아들고
눈썹 사이 아롱지는
빛의 그림자 눈부신 새날

청아한 음색으로 환호하는 새들의 노래

맑은 테너 음색이
높이 흐르는 하늘에는
크로키 빛살 화사한 실바람 노래

창공을 한 아름 가슴에 흠뻑 들여놓은
시리도록 해맑은 미소

잠언으로 빛나는
유월의 나긋한 새순이
새록새록 웃는 아침

그 숨소리에
새 생명이 움트고

이별의 변주곡

신이 정한 운명의 책갈피에
이별을 예감하는 비익조 한쪽 날개
허공에 흩어지고 있다

해시계 되돌리는
생명의 끈을 잡은 절박한 기도 소리
가슴에 대못이 박히는 통증으로
시간의 면죄부를 구하는

지나간 시간이 너울처럼 밀려오고
파도처럼 부서지는 만감의 교차
후회도 사랑도 멀어져가는
돌릴 수 없는 시간표가 되고 있다

멀어지는 희망이
이별의 변주곡처럼 들려오고

아파서 너무 아파서
목울대 넘기지 못한 울음이
뿌연 안개 이슬로 맺히는

기약 없는 망부석처럼
지는 해에 달이 가듯
또 가는 하루

이브의 후예

한 방울 물의 근원에서
첫 발자국의 길을 낸 이브의 후손

생명의 분신
세상에 내놓기 두려워
자식을 세속에 묻은 어미

극단의 저울추에
천륜의 고통을 문신처럼 남긴다

강물을 거슬러 올라온 연어의
거룩한 선택은
아픔을 이겨낸 승자의 빛나는 꿈이었다

절체절명의 순간에도 태어나는
꽃봉오리 같은 어린 아가

그대 품에 안기는 맑은 눈동자를 보라

아픔을 이겨낸 기쁨으로
아가의 심장 뛰는 소리를 들어보라

꽃잎 같은 입술 오물거리며
엄마 부르는 소리를

이팝나무 가로수 거리

이팝나무 가로수에 내려앉은
찬란한 은빛 햇살
눈부신 아침이다

폭포수 치렁거리는 물소리, 손뼉을 치고
신록이 무성한 거리에는
가슴 벅찬 청춘이 출렁인다

꽃향기 향기로운 그 옛날
가난한 농부의 효심 담은
사기 밥그릇에 소복이 채운 꽃잎 밥상

이팝나무꽃 훈훈한 전설 이야기
그 시대가 그리운 날

꽃향기 가득한 거리엔
지금도 햇살이 눈 부시다

장마

젊은 날 후끈하게 달궈 오르던
이불 속 뜨거움보다
잠 못 들게 하는 밤의 프로포즈

머뭇대며 둔해진 말들이
끊어질 듯 이어지는
긴 장마의 늪

어디서부터 어디로 가는지

초라한 문턱 넘어 휘황한 샨데리아 불빛 향해
시간의 숲을 지나는 길

눅눅한 장판을 걷어내고
긴 장마 끝나기를 기다려야지

약간의 설렘을 안은 귀성길처럼
구름 뚫고 지나는
빛의 화살이
날렵한 새벽빛으로 날아오르고

수혈받은 젊은 감각이
쓰나미처럼 밀어닥치는
본능의 물결이
밤을 덮는다

재개발 현장

등 굽은 삶들이 뿔뿔이 흩어진 자리
덩치 큰 까마귀
허기진 수다를 맥없이 풀어놓고

총성이 지나간 자리처럼
숭숭 뚫린 창에는
가난한 이웃의 절망이 먼지 바람을 날린다

한때는
따듯한 식탁에 웃음꽃이 피었던
단란한 보금자리

희비 엇갈린 허무의 소음이
담을 넘어 들려오고

분주한 건설기계 소음과
땀에 전 노동자의 고단함이
눅눅히 배인 자리

공허의 바람이 분다

지구가 끓는다

날마다 뜨거운 파도가 친다
밤에도 식지 않는 지구

열도의 땅은
충성 없는 전쟁처럼
불의 고리가 번져가고

사나운 회오리 뜨겁다

일면식 없는 얼굴도 껄끄러워
호심경을 붙여야 하는

다 갈 수 없는
성난 영혼의 나이테

어느 행간에 줄을 세워야 할지
아날로그 시대가 친근해지는

해먹에 앉은 바람처럼
웃을 날은 언제일까

알 수 없는 뜨거운 바람에도
지구는 굴러간다

첫날의 설렘처럼

열두 달 묵은 짐 보내는 북소리 들리고
찰나의 시간에 마침표를 찍은
새해 첫날이 밝아 왔다

장엄한 새 빛이 온 누리 가득하다

빈부 차이 없는
무료 충전이 시작되고
여의주 입에 문 각자의 빛깔이
새해 벽두로 날아오른다

복조리 돌리는 덕담이 숙성된 맛처럼 익숙해지고

새해 청사진 그리는 가슴이
설레는 첫사랑처럼 부풀고 있다

동지섣달 칼바람이 푸르게 멍든 시간
묵은 땅 개간하는 가슴은
아직은 머~언
봄을 기다리고

푸른 어깨의 너나들이
따듯한 가슴으로 축복을 나눈다

초봄의 맑은 물소리처럼
(축시)

백자 항아리에 고운 선을 그린 듯
있는 듯 없는 듯
단아한 미소의 그녀

50년 전통 심상 문학지에
이제 마~악 출발 신호를 울리며
멋진 시의 첫 삽을 든다

숫눈길 걷는 첫 발자국 설렘으로
밤하늘 신비로운 별자리 같은
꿈이 펼쳐지는 시의 등단

초봄의 맑은 물소리처럼
고운 언어의 구술을 꿰어
노을빛 아름다움을 그리는 그녀에게

바지랑대처럼 서로 의지하며
언어의 꽃을 가꾸는
시의 정원에서
성탄의 설렘 같은 축포를 터트린다.

(이미자 시인의 등단을 축하하며)

파릇한 봄이 피어나듯이

햇살 쏟아지는 오월의 정원에서
너를 품으며 너를 안으며 너의 굴레 안에서
뮤직 같은 길을 걷는다

화사하게 피어나는 미소로
별처럼 반짝이는
시의 파티를 여는 시간
정오의 햇살처럼 벅차다

가슴에 심긴 묘목이 자라
든든한 거목이 되어 울창한 숲이 되었다

모두 함께 발맞춰 걸어온
시의 성지에서
지치지 않는 달리기 선수들

보석보다 빛나는 가슴 속 품어진 씨앗
시야에 보이는 모든 순간마다
가슴에 잠재된 언어의 향기로
감성의 물꼬를 트는

오늘도 너를 품어 안으며
꽃봉오리 활짝 피어나는 길을 걷는다

4부 가을편지

가을 편지

머뭇거리며 다가가기 부끄러운
첫사랑 같은

빨갛게 물든 홍시의 가슴으로
편지를 쓰네

숨어 피는 꽃처럼
이뤄보지 못한 사랑
비단 수건에 꽃 수 놓아 건네고 싶어

휘날리는 단풍에 시 한 수 적어
하늘 높이 띄웠네

파란 하늘에 담금질하며 물드는
가을날은
온통 붉게 물든 사랑이었어

쓸쓸한 가슴에 이어 떨어지는 눈물이었어

가을에 드리는 기도

푸른 하늘을 휘돌며
곱게 물든 가을이 왔어요

푸른 새벽을 깨우며
무릎으로 드리는 기도

아무 일 없는 평범함이
특별한 은혜임을 감사하며

가슴에 품어온 못다 한 말
조심스레 여쭈면
씨를 뿌리고 기다리는 농부의 마음처럼

통통하게 여물어 고개 숙인
수수 송아리 겸손함을 배우며

넉넉한 풍요를 누리는 조급함에
욕심을 내려놓게 하시는
주님의 뜻을
이 가을에 배워가요

그 겨울은 따듯했네

무단 침입 군사처럼
들이닥친 한파
옷깃 속 구석구석 휘돌며
뼛속 깊은 냉기 스며드는 겨울날

휑 한 운동장
바람의 심술이 하릴없이 뒹굴고
가슴을 파고드는 허전함은
한 해 끝자락 세월의 무게였나

먼 길을 휘돌아 들려오는 종소리
지는 해 재촉하듯 해거름에 눈물겨운데

거리마다 술렁이는 화이트 크리스마스
눈길 위 총총한 발자국들

성탄절 은은한 종소리 들려오면
울컥해지는 떨림으로 기쁨 반 설렘 반
축제의 불빛 가득한 날

거리마다 별빛처럼 쏟아지는
눈발이
축복으로 휘날리네

기도

수심 깊은 참회의 기도
진홍빛 심장이
타는 노을처럼 붉어져요

느린 수레를 타고 오시는
전능자의 발 앞에
동의 없는 수신을 기다리며
별을 캐는 밤이 깊어가고

출산을 기다리듯
9부 능선 넘어가는 가슴이
충혈된 꽃잎처럼 붉어집니다

휘파람새 신호가 헛소리로 들리는
불멸의 십자가 앞
유일무이 꽃을 피우는
난이도 깊은 기도의 밧줄을 붙잡고

봄의 전령사를 기다리듯
날마다 당신을 기다립니다

늦가을의 만남

낙엽이 아우성이며 휘날리는
마음도 텅 빈 계절

불현듯 찾아준
가슴 따듯한 지인과
향기로운 차 한잔에 마음을 나누는 시간

가을이 지는 창밖에는
나뭇가지 사이로 비치는 태양
눈이 부시고
부드러운 커피 향 같은 그녀 목소리가
저녁 종소리 들리듯 다정스럽다

늘 잔잔한 미소를 짓는
좋은 인연으로 남고 싶은 사람

어쩌다 만난 그녀의
먼저 챙겨주는 배려심이
혈육처럼 따듯해지는
하루 한 페이지 가득 채운 뿌듯한 시간

석양에 지는 붉은 해가
눈시울 붉히며 작별을 한다

멋진 그대 구월

정염으로 이글거리던
불도가니 찜통더위 지나간
구월의 첫날
푸른 기운의 젊은 사내가
활개 치며 찾아왔다

풋풋하고 짙어진 풀잎 향이
갓 삼십 넘긴 청년 같다

사각거리며 뒤척이는 잎새의 흔들림
휘달려 나온 가을 발굽 소리에
괜스레 눈가 시려지고

어느 전설 같이 멀어진 날
고운 빛 아련히 물든 위문편지 회신처럼
열다섯 소녀
가슴 울렁이며 기다리던 가을

초저녁 별이 깜박이고
바람의 날개 눈먼 밤을 휘도는
가슴 벅차게 찾아온
그대 멋진 구월

미역국을 먹으며

날마다 혼자서 미역국을 먹고 있네
날마다 먹어도 남아있는 국물
버리지 못하고
빗길처럼 추워진 마음에 온기를 지피며 생각하네

동짓달 새벽
해산의 산고를 이겨내신 어머니를
처음 뵙고
인사 대신 울음을 터트렸네

그 오랜 세월
힘이 되지 못한 마음의 빚
이제야 드리는 안부

자식을 위한 삶이 전부인
당신의 젊은 날
거친 세월의 구부능선 넘으시고

짧은 생 잃어버린 기억
황혼의 비탈길에서
철없는 아이가 되어버린 당신

무거운 육신을 내려놓으시고
베 한 필의 날개옷을 입으셨네

천 리 길도 따라가려 했던 마음
오열하던 슬픔도 잊은 채
여전히 미역국을 먹고 있네

붉은 장미

오월의 궁정에 화사하게 피어난
도도한 이름

깊은 눈망울에 고인 거먕빛 슬픔은
네 마음 깊은 곳에
흐르는 아픔이었나

목숨처럼 붉어진 너의 독백은
가시로 돋아난 고독한 외침이었구나

외로워 마라 모든 꽃의 여왕이여

가시관 쓴 예수도 슬픔의 잔을 삼키고
거룩한 아픔을 이기셨다

고독을 잉태한 빛의 날갯짓은
숭고한 가슴에서만 피는 꽃이란다

블랙홀에 빠진 사람들

어디로 가는 길인가
요충지 몰려가는 바람이 거세다

목숨의 끈을 잡은
위중한 생명의 골든타임
모두의 염원이 뜨거워지는

신이 정한 운명이 흔들리고 있다

마음껏 치료할 수 없는
불통의 시대
얼마나 많은 생명이
고통의 화염 속에 사위어 가야 하나

아픔을 치유하는 신의 대리자

자유는 결코 무료가 아니다

빛을 안고 떠난 당신

그대는
아련한 빛을 뒤로 남기고
학의 푸른 날개를 접듯이 산등성이 넘어
뜨거운 열기를 안고 떠났습니다

노을빛 뒤편에 긴 여운의 실루엣은
쓸쓸하지만 아름다웠습니다

밤새소리에 귀 기울이며
전하지 못한 말들을 구슬처럼 꿰어
새 아침 동이 트기 전
창문에 엮어 달아 놓았습니다

삶의 진리를 깨우치는
희붐한 새벽녘
새들의 돈 코러스 들려오면

다시
힘차게 솟아오를 그대를 기다리는
기도를 올립니다

설 강에 날리는 눈발처럼

텅 빈 강바닥에
그리움이 눈발처럼 날리고

끊어진 다리처럼 돌이킬 수 없는
멀어진 날
귀에 익은 먼 울림이 아련해지는

무논에 실바람 나부끼는
초음속 빛에 실린 설렘이
한 움큼 불빛처럼 뜨거워지는
오랜 시선

강바닥에 내린 잣눈처럼
차진 그리움 이는
슬픔이
뜨겁게 웅크린다

설야에 피는 꽃

고요한 아우성이 들리는
눈 내리는 밤

그리움 짙은 강 건너
못다 한 말들이 서성이고

황홀한 입맞춤이 사뿐히 내려앉는 설야에 피는 꽃

비인 듯 채워진
고요한 침묵이 흐르는
먼 기다림의 발자취
누군가 올 것 같아
눈자위 설렘이 흥건해지는

그리움이
촛농처럼 흘러내린다

설핏 지난 꿈처럼

해무 짙은 기억이
구름 뚫고 나온 햇살처럼 번뜩하다

포개진 앨범 속 설핏 지난
꿈같은 시간을
볼록 렌즈에 담아 보는
윤슬처럼 빛나던 지난날이 눈앞에 출렁인다

식을 줄 모르던 열정으로
그 무엇을 찾아 뛰었는지
손가락 사이 물처럼 빠져나간 시간

퇴색된 단풍처럼 빛 잃은 허무가
기억 사이를 훑고 지나고

낭만의 바닷가 모래사장
하얀 파도 소리는 꿈속처럼 들리는데
나 지금 어디쯤 와 있는지

아름다운 실루엣
오랜 기억으로 남고 싶은
그리고........

지금 여기에 홀로 서 있다

시월, 눈시울 붉다

낯선 하늘 지나는 밤길이
설움에 젖는다

엇박자 절룩이며 쏟아내는 절규
젊은 사자의 포효가
지구를 흔드는 밤

숨소리도 숨어든 듯 흥건하게 적셔진 시월

슬프도록 아름다운 빗소리에
시인은 잠 못 들고

가랑잎도 젖어서 날리지 못하는
시월의 밤이 눈물짓는다

시월의 끝자락

나뭇가지 끝 단풍잎 하나
애잔한 이별의 전주곡처럼 흔들린다

황홀한 절경의 노을이
산 그림자 뒤에 숨으면
불타던 생명의 숨결이 잦아들고

화려하던 젊음의 빛이 퇴색되는
마른 생명
거리로 나와 성토하며 옷을 벗는 낙엽들

시월의 뒷모습이
멀어져가는 연인처럼 애잔함을 남기고

황혼빛으로 지는 해처럼
한 세상 그렇게 뜨겁게 불태우고 떠나는
삶이었구나

첫눈 내리는 창가에서

무슨 사연이 있기에
저토록 큰 기쁨을 소리 없이 쏟아 내고 있는가

펑펑 부서져 내리는 춤사위
첫눈 내리는 기쁨을
한껏 충전하며 바라보는
몽환의 절경

수채화 같은 눈 속을
푹푹 빠지며 쾌재 부르는
폭설 위 기분 상쾌하다

손위에 내려앉은 눈꽃은
사랑이 지고 난 눈물처럼 녹아내리고

축제의 난무 속을
아이처럼 뛰고 싶은
설국의 아침 경이롭다

파문

모과 빛 햇살 기우는
어느 한가한 오후

지우지 못한 낙서
채워지지 않는 미필 원고처럼

난해한 시간이
싸늘한 포물선을 그린다

젖은 옷에 물기를 털어 내듯
꿉꿉한 시간이 서성거리고

회오리 같은 시간을 퇴고하며

애써
진한 커피 향을
고적한 가슴에 우려내는
망중한을 한다.

폭우

무법 군사 들이닥치듯
밤의 적막을 깬
줄기찬 빗소리

번개같이 찾아와
밤의 뜨락에 대차게 쏟아내며
언어 없는 폭군처럼 난타를 두드린다

밤의 푸른 정지선이 열리고
새벽을 건너온
까치 한 마리
함초롬해진 머리 가다듬고

푸른 잎새 입에 물고
까만 눈만 깜빡인다

하늘의 별이 된 슬픔

뜻을 알 수 없는 활자가 수면 위로 떠다니며
길을 물었다
맑은 미소의 푸른 청춘이
이유 모르는 물의 깊이에서 출렁인다

무소불위 능력이 휘두른 검 앞에
목숨의 한을 정해놓지 않은 창창한 앞날
환상적 푸른 꿈이 표류하는 물속에 수장되며
역린의 뜨거운 피가 거친 파도에 출렁인다

촘촘히 짜인 슬픔의 깊이도 모른 채
알알이 박힌 사랑도 전하지 못한 채
빗소리 같은 아우성이 거친 파도에 휩쓸리며
가슴에 박힌 유리 조각처럼
부정하고 싶은 논리의 그물에
이유 없는 죽음이 되었다

튼실하고 푸른 역군들
하늘이 바다에서 길어 올린 두레박 안
55개의 꽃송이 슬픈 천안함 전사들
하늘의 별이 되어 빛나고 있다.

허공

텅 빈 하늘에서
파란 슬픔이 번져가요

갈 곳 없는 집시의 길처럼 아득해지는
다가설 수 없는 공허의 자리

대답 없는 이름을 부르며
비단 수의를 준비하는 친구의

한 움큼 패인
깊은 우물처럼 담담한 가슴에서
죽은 이를 위한
노래가 들려요

노을 물든 지평선 붉게 타는 석양의
저무는 아픔이

첼로의 낮은 음색처럼 울려 퍼지는
이 가을이

채울 수 없는 공허의 빛으로 물들어가요

홍 승 애 시인의 시평

회상의 형상과 닮여진
"기도의 염원"으로 엮은 생명의 빛

회상의 형상과 닦여진
"기도의 염원"으로 엮은 생명의 빛

박 동 규 (서울대 명예교수, 문학평론가)

　홍승애 시인은 잘 닦여진 언어로 시와 함께 싣고 있다 홍시인은 연금술사처럼 언어로 표현하는 그만의 특출한 방법을 갖고 있다. 그가 '기도의 염원'을 가지고 마음에 담아진 삶의 세계를 영명하게 노래하는 것은 아마 신앙의 굳은 의지와 남다른 감각의 다양한 흡인력으로 이루인 것이 아닌가 한다. 실제로 홍시인은 항상 깔끔한 옷차림으로 정돈되어 있다. 홍시인과 오래 알고 지냈지만 서로 말을 나누어 본 것은 많지 않다. 그는 절제된 말만 하는 것이 아닌가 여겨진다. 이번 홍시인이 시편들을 들고 왔을 때 나는 별로 어렵게 생각하지 않았다. 그의 시편들을 보아 왔기 때문이다. 그런 탓으로 이번 시편들도 그가 보여주는 인간의 문제 자연과의 교감 그리고 시창작의 개성적 성향을 중심으로 포괄적 관점에서 접근해 보고자 한다

1. 숨어있는 마음의 세계와 시적 환상

　무슨 사연이 있기에

저토록 큰 기쁨을 소리 없이 쏟아 내고 있는가

펑펑 부서져 내리는 춤사위
첫눈 내리는 기쁨을
한껏 충전하며 바라보는
몽환의 절경

수채화 같은 눈 속을
푹푹 빠지며 쾌재 부르는
폭설 위 기분 상쾌하다

손위에 내려앉은 눈꽃은
사랑이 지고 난 눈물처럼 녹아내리고

축제의 난무 속을
아이처럼 뛰고 싶은
설국의 아침 경이롭다

- '첫눈 내리는 창가에서' -

 이 시는 첫눈이 내리는 날 창가에서 눈 오는 풍경을 바라보며 느끼는 서정적 감성의 시이다. 시인은 첫눈은 시인에게 기쁨을 가져다준다. 이 기쁨은 마치 '몽환의 절경'에서 얻을 수 있는 기쁨이다. 이 몽환의 사랑조차도 녹아내리게 한다 '손위에 내려앉은 눈꽃'은 '눈물처럼 녹아 내리고 '라는 시인의 표현은 시인의 또 다른 자아인 화자가 손에 받쳐 든 눈꽃을 통해서 마음이 이입되는 과정을 세밀하게 보여준다. 눈 오는 날의 정취를 아이처럼 느끼는 설국의 동심까지도 스며드는 감동을 보여 주는데 그 원천의 의미는 기쁨때문이라 할 것이다. 이 시에서 첫눈의 이미지를 기쁨으로 설정하고 눈이 내려오며 보여주는 사위를 몽환으로 승화하여 그가 겪는 감추어진 슬픔을 덮고 기쁨으로 환치하여 눈오는 아침을 맞이 한다. 다음 시를 보자

고요한 숨결이 흐르듯
은빛 부서져 내린 포화 된 적막

허공에 펼쳐진 은하계 울림이
텅 빈 가슴을 흔든다

신이 발꿈치 들고 건너간 잔잔한 바다
천사의 옷깃처럼 황홀해진
달빛이 내려앉는다

그윽한 침묵이 눈을 연다

이름 없는 사람 고단한 수저에 올려진
달빛 한 술이
시가 되고

나락에 비친 고요한 침묵으로
고난을 덮은 바다

신은
채워지지 않는 욕망의 바다를
인간의 가슴에 묻었다.

- '달빛이 그린 시' -

 이 시 역시 달빛이 내려앉은 세계를 간명한 필치로 그려내고 있다. 이 시에 등장하는 중심적 어휘는 '달빛' '신' '바다'이다. 이 세 기둥을 서로 교합하여 인간의 욕망이 보여주는 표상인 시의 본체를 밝혀주고 있다. 먼저 첫 연에서 달빛은 은빛으로 부서져 내려 포화된 적막함의 공간을 제시하고 있다. 이 적막은 '신이 발꿈치 들고 건너간 잔잔한 바다'에 달빛처럼 내려앉아 침묵의 세계를 만든다. 이 공간에 던져진 의미는 '달빛 한 술이 시'가 되는 놀라운 변화이다. 이 시는 침묵의 고난을 닫고 인간의 가슴에 묻어둔 언어를 세상 밖으로 끌어내게 하는 것이다. 이 시는 달빛으로 해서 생긴 정감을 시로 탄생시키게 하는 과정을 보여 준다고 볼 수도 있다. 시인에게 있어서 '채워지지 않는 욕망'을 신을 통해 가슴에 담게 된다는 시인의 고백이다. 그의 시에 담긴 적막한 바다와 같은 공간에서 달빛이 던져주는 변화가 무엇인지를 느끼게 하는 것이다.

 어느 먼 그리움이기에
 긴 여정 등에 진 발길이 버겁다

 한낮 정적이 감도는 골목길처럼

허기지게 한산한
끝이 보이지 않는 길

알 수 없는 말이 굴러가듯
혼잣말을 서성이며
허허로운 사막 같은 길을 홀로 걷는다

지평선에 해는 걸리고
외치는 낙타의 울음처럼 아득한
삭막한 이 길을

어디쯤 쉬어갈 곳 있으려나

- '나의 길' -

   이 시는 '달빛이 그린 시'에서의 서정적 자아가 느끼는 달빛이 주는 적막함을 뛰어넘어 그가 삶의 길에서 스스로 가지는 심정적 세계를 본다. 그리고 구체적 이미지를 통해 선명하게 시라는 표상적 표현물을 보여주고 있다. 이 시에서 시인은 그리움이라는 인간이 지닌 갈망의 전망을 찾아가는 길이 어렵다는 것을 밝히고 있다. 이 길은 끝이 보이지 않는 길이라고 한다. 그리고 이 길의 허허로운 사막처럼 어떤 표시도 어떤 정해진 길도 보이지 않는다. 그러다가 지평선에 해가 걸리는 시간은 다가오고 삭막한 길은 그대로다. 시인은 쉬어갈 곳을 찾고 있다. 이 시에서 화자는 두 길을 가지고 있다. 먼저 시에서 드러난 사막의 길과 그가 안고 살아가며 가야할 전망의 길이다.

시인은 화자를 통해 이 길을 통해 힘든 삶과 시인의 사랑을 노래하고 있다. 홍시인은 마음의 세계를 드러나게 하는 시 작업과 이를 표상으로 하는 자연의 정서적 형상을 잘 조화하여 그의 시를 창작하고 있는 것으로 보인다.

2. 인간의 슬픔과 따뜻한 사랑에 대한 기도

홍승애 시인은 신앙을 바탕에 둔 삶의 정신을 가지고 있는 것으로 보인다. 그에게 있어서 시는 기도이고 기도는 시가 되는 것을 볼수 있다. 그 이유는 간절한 바람이 곧 시의 주제로 자리하고 있기 때문이라고 할 것이다. 그러기에 그의 시가 인간의 슬픔이나 공허를 바탕에 깔고 있는 시편들을 볼 수 있다.
다음의 시를 보자

물 위에 달그림자 출렁이듯
그대 눈물방울 어려진 눈망울 속
웃고 있어도 눈시울에 여울지는
아픔의 그늘

어느 정오의 햇살 화사하게 빛나던
봄날의 정원에
내게로 다가온 한 마리 꽃사슴
싱그러운 바람에 묻어난 미소는
비릿한 풀잎에 스민 그리움의 향기였지
한걸음에 달려온

웃어도 울고 있는 듯
너의 가여운 아픔은

네게 무엇이 되어주고 싶은 내게
위로의 말도 건네지 못하고
돌아서는, 화사한 여운이 남은
너의 뒷모습
비릿한 향기로 남은
그날
그날

- '여운' -

이 시는 연시라고 할 수도 있다. 그러면서도 주제는 이별이다. 이 이별의 안타깝고 애절한 마음을 서정적 감성으로 그려낸 시이다. 이 시에서 주목해볼 점은 '나'와 '그'와의 사이에 놓여진 아픔의 그늘이다. 이 그늘은 여운으로 확장되고 그리움으로 기억된다. 첫 연에서 '물 위에 달그림자 출렁이듯' 눈망울에 맺힌 눈물은 역설적이다. 웃고 있으면서 눈물을 흘리는 나와의 대칭인 그는 아픔이라는 그늘을 '나'에게 주었다. 그리고 나서 돌아보면 '나'에게 '싱그러운 미소로 다가온 꽃 사슴 같은 그가 그리움의 대상이 되고 있다. 그러나 이 그리움은 양면성을 가진 복합적 의미를 가지고 있다. 즉 화자는 상대를 위로도 못해 주고 떠나보낸 마음에 담겨진 여운과 상대를 받아들이지 못한 아픔이 서로 엉켜져 '비릿한 향기'로 남아 그날을 그리워하고 있다. 시인은 이 시에서 삶의 순간이 빚어내는 사연 들을 분해 되지 않은 감정의 응어리를 그대로 그리움으로 응결시켜 형상화하여 여운이라는 남아 있는 흔적을 그려내고 있다. 홍 시인은 그만의 독특한 표현기법을 통해 미묘한 감정의 가닥을 교묘하게 서정적 정감으로 적셔주고 있다. 다음의 시를 보자

머뭇거리며 다가가기 부끄러운
첫사랑 같은

빨갛게 물든 홍시의 가슴으로
편지를 쓰네

숨어 피는 꽃처럼
이뤄보지 못한 사랑
비단 수건에 꽃 수 놓아 건네고 싶어

휘날리는 단풍에 시 한 수 적어
하늘 높이 띄웠네

파란 하늘에 담금질하며 물드는
가을날은
온통 붉게 물든 사랑이었어

쓸쓸한 가슴에 이어 떨어지는 눈물이었어

- '가을 편지' -

이 시는 소녀적 감성이 두드러져 보이고 있다. 시인은 가을의 청명한 하늘에 떠 있는 홍시처럼 잘 익은 붉은 사랑을 원한다. 그러나 그에게 주어진 계절에서 휘날리는 단풍에 '시 한 수 적어' 하늘 높이 띄워보고 싶어 할 뿐이다. 그러기에 화자의 눈에는 파란 하늘에 담금질하며 물드는 가을날은 온통 붉은 색으로 물든 사랑뿐이다. 시인은 비단 수건에다 '숨어피는 꽃' 처럼 이뤄보지 못한 사랑을 수놓아 건네고 싶어 한다. 이 뜻은 휘날리는 단풍에 시 한 수를 적어 보내는 가을빛 사랑임을 보여주고 있다. 결국 가을의 단풍빛 사랑은 이루지 못한 사랑의 안타까움과 가을의 쓸쓸한 외로움이 눈물이었음을 밝힌다. 홍시인은 자연과 나와의 일체적 동화의 방식을 선택하여 나의 마음을 가을에 채색하 고 그 아름다움을 이루지 못한 사랑 속에 감추어진 참마음을 고백하고 있다. 다음의 시를 보자

황토벽 고가(古家)
검게 그을 부엌에
녹슬고 오래된 풍구 하나

구들장 밑으로 겉겨에 불씨 지피며
무쇠솥단지에 밥을 짓는 어미 새

일상의 고단함도 잊은 채
허기진 식솔들 따스한 식탁으로
삶을 다독이며
매듭의 고리를 푼다

가난의 터전에서

가슴에 사랑을 품어 안는
어미 새의 일생

오늘도 호롱불 밝히며
낡은 옷을 깁는다

— '어미 새 사랑' —

이 시는 어미 새로 변한 어머니의 삶을 그리고 있다. 시인에게 있어서 어미새는 추녀 밑에 집을 짓고 멀리 날아가서 먹이를 물고 와서 새끼를 키우는 어미의 사랑을 말한다. 이를 현세적 어머니에 투사(投射)하여 시인의 자아적 정서를 살려내려고 하는 것이다. 옛날 가난한 시절 풍구 하나로 연기를 마셔가며 구들장 밑으로 겉겨에 불씨를 지펴 무쇠단지에 밥을 짓던 것이 어머니의 생활이다. 그리고 중요한 것은 어미새가 새끼를 돌보듯 허기진 식솔들을 식탁에 앉히고 따뜻한 밥을 마련하는 일이다. 어미새의 일생은 결국 가슴에 사랑을 품고 가난한 삶의 터전일 망정 자식을 껴안고 평생을 살아가는 것이 어머니 삶의 전부이다. 홍시인이 어미새를 택한 것은 바로 무한한 사랑으로 일생을 새끼들을 키우며 살았다는 비유로 드러낸 것이다. 다음의 시를 보자

하얀 꽃잎이 눈보라처럼 휘날리는 봄날

달리는 전동차 안
초점 잃은 노인의 눈빛이
가늘게 떨리고 있다

허술한 육신에서 앙상한 신음이
문풍지 바람처럼 새어 나오고

초가처럼 기울어 가는
황혼의 빛이 희미하게 저물어가는 모습

불꽃처럼 피워내던 전반의 생애
묵묵히 지나온
궤적의 발자취엔

봄밤에 피워내던 꿈같은 날도
열정으로 뜨겁게 꽃피우던 사랑도
백발에 휘날리며

석양빛 긴 그림자
만감의 교차 깊어지는
머지않은 생의 뒷모습에서

삶의 끝자락에 흔들리는 바람이 일고 있다

— '여울지며 흘러가듯' —

 이 시는 제목이 특이하다. '여울 지며 흘러가듯이'라는 뜻의 함의는 세월에 묻혀 살아간다는 것을 의미한다. 이 시는 이런 삶을 거쳐온 한 노인의 모습을 성격화하고 있다. 한 노인을 달리는 전동차 안에서 시인은 보았다. 그 노인은 초점을 잃은 눈으로 앉아 있다. 이 노인의 불꽃처럼 열정을 쏟아부으며 뜨겁게 사랑을 꽃피우던 시절의 행색과 초가처럼 기울어져 허술한 육신에서 황혼의 빛이 문풍지의 바람처럼 새어 나오는 머지않은 생을 백발의 초라한 행색으로 맞이하는 두 모습을 대립적으로 시인은 제시한다. 그리고 이 한 생명이 세월 따라 변하는 모습에서 삶의 끝자락에 흔들리는 바람처럼 늙음이 주는 아쉽고 서러운 심정을 그려낸 것이다. 시인은 늙음이 주는 초라함보다도 삶의 끝자락에서 볼 수 있는 그 변화를 애처롭게 느끼는 인간애의 어두운 그림을 찾아낸 것이라 할 것이다. 홍시인은 어쩌면 휴머니즘적 세계관을 폭넓게 생각하고 있었던 것일 수 있다. 그리고 우리가 안고 살아가는 사회 안에서 노인의 실체적 인 모습을 보여주고 싶었던 것일 수도 있다. 무엇보다도 중요한 것은 홍시인의 인정 어린 심정으로 눈물 어린 서정시를 빚어낸 것은 그의 시가 지닌 감동력이라고 할 것 이다. 다음의 시를 보자

  텅 빈 하늘에서
  파란 슬픔이 번져가요

  갈 곳 없는 집시의 길처럼 아득해지는
  다가설 수 없는 공허의 자리

  대답 없는 이름을 부르며
  비단 수의를 준비하는 친구의
  한 움큼 패인
  깊은 우물처럼 담담한 가슴에서

죽은 이를 위한
노래가 들려요

노을 물든 지평선 붉게 타는 석양의
저무는 아픔이

첼로의 낮은 음색처럼 울려 퍼지는
이 가을이

채울 수 없는 공허의 빛으로 물들어가요

- '허공' -

　이 시는 친구가 수의를 준비해야 하는 순간을 보면서 마음에 피어나는 공허함을 형상화하고 있다. 시인에게는 친구를 향해 대답 없는 이름을 부르며 이를 보는 자신의 마음에 떠오르는 아픔을 보여준다. 특히 이 시는 화자를 감추고 마치 누구나 당하는 종말의 어느 시간을 보듯이 시의 내용을 펼치고 있다. '텅빈 하늘에서 파란 슬픔이 번져'간다고 친구를 만난 자리를 설정하고 있다. 이 자리는 '죽은 이를 위한 노래'가 들린다. 이는 '노을 물든 지평선 붉게 타는 석양'의 저무는 아픔이 '첼로의 낮은 음색처럼' 비장한 마음의 분위기가 만들어져 있다. 그리고 '채울 수 없는 공허의 빛'으로 가을이 물들어가고 있다고 한다. 이 시는 애처로운 삶에 대한 공허를 친구의 죽음 앞에서 가지게 되는 감정적 변화를 세밀하게 드러내 보여준다. 이 세밀한 표현의 바닥은 시인에게는 슬픔이 주는 공허함이지만 이를 가을이라는 계절과 융합하고 저물어가는 하늘의 석양을 배경하여 인간의 삶이 보여주는 공허를 느끼게 하고 있다.

홍시인에게는 모든 사물이 그의 마음을 보여줄 수 있는 시적 대상이 되고 있지만 특히 그는 현란한 언어 선택의 기법으로 그의 서정적 자아를 온전하게 시적 대상에 옮겨 놓고 있는 점이 그만의 특별한 창작법이라 할 것이다.

3. 신앙적 기도와 세속적 삶의 정화(淨化)

홍 승애시인의 시에는 기독교적 신앙의 시들이 많이 보인다. 그는 이 신앙의 표현을 '기도'로 형상화하고 있다. 신을 향한 기도야말로 그가 기댈 수 있는 가장 굳건한 의지처가 아닌가 보여진다. 인간보다는 신에게 삶의 섭리를 찾아가는 신앙을 홍시인의 '기도'의 시편들에서 보자

살랑살랑 들리는 나뭇잎 바스락 소리
아 가을인가요

얼마나 기다렸게요

황홀한 슬픔이 물든 설렘을 안고

바람이 달리는 길을 좇아
눈부신 시간의 그네를 탔어요

붉게 타는 단풍에 시를 써서
허공에 유서처럼 날리는
가을 편지

텅 빈 하늘이 호수에 물그림자 출렁이며

산을 넘어온 바람이
공허해진 가슴을 설레게 해요

눈이 시리게 빛나는 밤하늘
총총한 별들이
글썽이며 떨어지는
신비로운 빛줄기

우아한 가슴으로 당신을 맞이해요

아! 가을
사랑을 나누고 싶은
멋지고 아름다운 날

- '그대 오시나요' -

이 시는 시인의 바라는 실체를 향한 마음에 담긴 욕망의 일면을 보여주고 있다. '그대'라고 불리는 대상은 시인의 마음 안에 자리한 기다리고 있는 사람이다. 이 시는 이 기다리는 마음의 움직임과 펼쳐지는 계절과의 상관을 혼합하여 보여준다. 이 시의 계절은 가을이다. 시인이 '눈부신 시간의 그네'라고 표현한 것은 긴 시간의 반복을 오랫동안 이어왔다는 것이다. 그리고 기다림의 절실함은 '붉게 타는 단풍에 시를 써서 허공에 유서처럼' 혼신의 정성으로 편지를 보낸다고 한다. 그리고 이 가을은 그러기에 '우아한 마음으로 당신을 맞이'하듯 시인에게 다가와 있음을 보여준다 .

어느 연시처럼 보일 수 있으나 시인의 애절함은 마치 살아있는 이유를 찾아낸 듯이 확신과 사랑에 찬 감동으로 시의 골격을 엮어간 것이 특별하다고 할 것이다. 다음 시를 보자

해무 짙은 기억이
구름 뚫고 나온 햇살처럼 번뜩하다

포개진 앨범 속 설핏 지난
꿈같은 시간을
볼록 렌즈에 담아 보는
윤슬처럼 빛나던 지난날이 눈앞에 출렁인다

식을 줄 모르던 열정으로
그 무엇을 찾아 뛰었는지
손가락 사이 물처럼 빠져나간 시간

퇴색된 단풍처럼 빛 잃은 허무가
기억 사이를 훑고 지나고

낭만의 바닷가 모래사장

하얀 파도 소리는 꿈속처럼 들리는데
나 지금 어디쯤 와 있는지

아름다운 실루엣
오랜 기억으로 남고 싶은
그리고........

지금 여기에 홀로 서 있다

- '설핏 지나간 꿈처럼' -

  홀로 회상하는 한순간이 이 시의 구조이다. 그리고 이 한순간을 '지금 서 있다'라고 한다. 이 순간에 떠오른 과거의 나날들은 한 생명의 존재에 대한 살핌이 되겠지만 이는 서정적 회상의 세계이기에 그것은 하나의 이미지로만 남아 있는 것이다. 홍시인은 그가 지나온 시간 중 '손가락 사이로 빠져 나간 시간'은 그가 '식을 줄 모르는 열정으로 뛰었던' 기억하는 시간이다. 또 '낭만의 바다 모래사장'에서 지금은 '홀로 있다'라고 한다. 그의 시는 항상 촘촘한 비유의 틀을 짜서 의미망을 세워가는 것이 특징인데 이 시는 '여기 홀로 서 있는' 시점과 지나간 삶의 시간을 통해서 스스로 허무의 장막을 걷어내고 아름다운 삶의 전망을 고대하고 있다. 누구나 회상의 회로에는 허무의 안개가 놓여있지만 홍시인에게 있어서는 낭만적 전망을 통해서 이 안개를 거두어내고 있는 점이 특징이다. 홍시인은 절망이 아니라 내일을 꿈꾸고 항상 아름다운 세계를 그려가며 삶의 진실에 다가가려는 서정적 자아의 높은 상상을 그리고 있다.

  이제 끝으로 홍시인의 시에서 주목할 점은 기도의 형식이다. 어찌 보면 이 기도는 홍시인 자신이 바라는 것의 실상으로 보이지만 이 실상에 감추어진 진실은 다가가려는 전망의 노래이기도 하다. 그는 무엇인가를 항상 그려내고 그형상속에서 자아의 참되고 선한 삶의 기원을 바라고 있는 것으로 보인다. 둘째는 그는 언어에 대한 많은 수련을 거쳐 쌓은 감각을 가지고 있다. 그러기에 그의 비유는 살아있는 듯 싱싱하고 때로는 새로운 이미지를 상상하게 하는 힘을 가지고있다. 그뿐만 아니라 그의 시어들은 주제의 형상화를 위한 도구에서 머물지 않고 비유적 언어 자체가 의미의 확장적 감정을 자극하기도 한다. 홍시인은 신앙이라는 것을 그의 가슴에 품고 있다. 이 신앙은 종교적인 것 이지만 그의 삶을 지탱하는 의지처가 아닌가 생각된다. 힘든 세상을 건너가는 다리를 마음에 가지듯 그에게는 또다른 시적 세계가 그를 살아있음의 긍지로 만들고 있다는 생각을 한다. 그의 시편들을 읽는 동안 그는 마치 기도하듯이 한편 한편을 온 정열을 다 쏟아부은 듯한 느낌을 받았다. 그의 시작업이 날로 성장하기를 기대한다.

초판 인쇄일 2025년 9월 20일
초판 발행일 2025년 9월 20일
지은이 홍승애
발행인 박근정
발행처 심　상

06788 서울특별시 서초구 양재동 353-4 청암빌딩 2F
TEL. 02-3462-0290
FAX. 02-3462-0293
출판등록 제라-1696

값 12,000원
ⓒ 홍승애
ISBN 979-11-85659-55-8